CARO,

Che l'Onnipotente benedica te e la tua famiglia con la sua benedizione.

Che cos'è la Religione?
Pubblicato da Editori Hidayah

Copyright © 2022 Hidayah Publishers

Tutti i diritti riservati. Nessuna parte di questo libro può essere riprodotta in qualsiasi forma senza il permesso dell'editore, ad eccezione di quanto consentito dalla legge sul copyright degli Stati Uniti.

ISBN: 978-1-990544-65-1

- Che Cos'è La Religione?
- Concetto Islamico Di Religione
- L'Origine E La Propagazione Delle Religioni Divine
- Giudaismo
- Cristianità
- Islam
- Come L'islam È La Vera Religione?

CHE COS'È LA RELIGIONE?

Secondo l'Enciclopedia Britannica, la religione è la relazione degli esseri umani con ciò che considerano santo, sacro, assoluto, spirituale, divino o degno di particolare riverenza. È anche comunemente considerata come il modo in cui le persone affrontano le preoccupazioni ultime sulla loro vita e il loro destino dopo la morte. I credenti e i devoti partecipano e spesso sono obbligati ad eseguire pratiche religiose come la preghiera o particolari rituali. Il culto, la condotta morale, il giusto credo e la partecipazione alle istituzioni religiose sono tra gli elementi costitutivi della vita religiosa.

Dal punto di vista delle scienze religiose, alcuni fattori comuni che si trovano in tutte le religioni possono essere menzionati come:

- Credenza in creature soprannaturali (come Dio, angeli, jinn e creature spirituali)
- Separazione del sacro e del mondano
- Culto, rituali e cerimonie
- Tradizioni scritte o non scritte (libro sacro, codice morale delle leggi)
- Emozioni legate agli esseri soprannaturali e al sacro (come paura, fiducia, segreti, peccato, adorazione, devozione)

- Connessione con il sovrumano (attraverso modi e mezzi come la rivelazione, i profeti, la preghiera, la supplica e l'ispirazione)
- Vista su questo mondo e sull'uomo, sulla vita e sull'aldilà
- Ordine di vita
- Gruppo sociale (comunità) e appartenenza a un gruppo

CONCETTO ISLAMICO DI RELIGIONE

Tutti i rami del sapere legati alla religione hanno definito la religione dal loro punto di vista. Nel descrivere la religione, gli studiosi musulmani hanno spiegato la vera religione come: "La religione è una legge divina che permette alle persone con intelligenza di raggiungere il bene e la felicità in questo mondo e nel prossimo con il proprio desiderio".

La parola "legge" ci mostra che una volta dichiarata la nostra fede, i principi della religione devono essere attuati nella nostra vita come regole definitive e che la negligenza sarà presa in considerazione al giudizio divino. La religione per il seguace è un sistema vivente le cui leggi devono completare la capacità della vita quotidiana di un individuo e i cui risultati devono essere visti in ogni aspetto della vita.

Secondo l'Islam, solo il sistema inviato da Allah[S.W.T] attraverso i Suoi Profeti[A.S] è la vera religione. In questo modo è stato impedito che l'uomo si inchini all'uomo ed è stato stabilito che tutte le persone sono una sola ed uguale davanti ad Allah e la superiorità sta solo nella pietà di un seguace.

In poche parole, la religione è il nome generale della legge divina, dell'ordine e del cammino rivelato da Allah[S.W.T] ai suoi Profeti, che poi annunciano e diffondono il messaggio alla nazione, per rafforzare la relazione tra Allah[S.W.T] e i suoi servi.

L'ORIGINE E LA PROPAGAZIONE DELLE RELIGIONI DIVINE

La fede islamica ci dice che l'unica fonte divina di tutte le religioni rivelate è Allah(S.W.T) attraverso i suoi profeti e messaggeri scelti. Ogni religione manifesta una verità fondamentale, cioè che non c'è altro Dio all'infuori di Allah ed Egli è l'unico da adorare, ma le leggi e gli obblighi possono essere diversi a seconda delle necessità e delle capacità intellettuali degli uomini di quell'epoca, età o razza. I Profeti scelti provenivano sempre dalla comunità in cui risiedevano per dimostrare la loro credibilità e per garantire che le direttive divine fossero percepite ed eseguite correttamente. Tutte le religioni provenivano da Allah(S.W.T), e finché mantenevano la loro perfezione, rimanevano legittime. Inoltre, quando il tempo della scomparsa di un Profeta si avvicinava, egli guidava sempre i suoi compagni ad avere fede nel Tawhid e ad aspettare il prossimo Profeta.

"O uomini, vi abbiamo creato da un maschio e una femmina e abbiamo fatto di voi popoli e tribù, affinché vi conosceste a vicenda. Presso Allah, il più nobile di voi è colui che più Lo teme. In verità Allah è sapiente, ben informato."
(Surah Al-Hujurat, V:13)

Il metodo divino di Allah⁽ˢ·ᵂ·ᵀ⁾ di inviare i suoi Profeti ad una comunità, è sempre allineato alla loro capacità mentale e ai loro desideri. Inoltre, i miracoli dati ai Profeti sono l'attributo più potente tra la popolazione per sradicare le pratiche peccaminose radicate in essi. Per esempio,

- All'epoca del Profeta Yusuf⁽ᴬ·ˢ⁾, la bellezza conta molto. La bellezza di un individuo ispirava la gente. Un'altra cosa che era importante è la capacità di interpretare correttamente i sogni. Così Allah⁽ˢ·ᵂ·ᵀ⁾ fece del Profeta Yusuf⁽ᴬ·ˢ⁾ la persona più bella e gli diede la conoscenza dell'interpretazione dei sogni.
- La nazione del Profeta Musa⁽ᴬ·ˢ⁾ eccelleva nella magia, così il bastone fu uno dei miracoli dati al Profeta Musa⁽ᴬ·ˢ⁾. Con quel bastone, sconfisse i maghi di Faraone, estrasse l'acqua dalla roccia e si fece strada nel mare con il permesso di Allah l'Onnipotente, affinché Egli salvasse i credenti.
- Allah⁽ˢ·ᵂ·ᵀ⁾ ha dato al Profeta Sulaiman⁽ᴬ·ˢ⁾ un regno enorme, non solo in termini di terra, ma anche nel controllo dei jinn, degli animali e dei venti insieme agli esseri umani.
- Allo stesso modo, la gente del Profeta Isa⁽ᴬ·ˢ⁾ eccelleva nella medicina, così il Profeta Isa⁽ᴬ·ˢ⁾ ha curato gli incurabili, i ciechi e i lebbrosi, e ha dato vita ai morti con il permesso di Allah l'Onnipotente.
- Gli arabi eccellevano nella poesia e nella retorica, e quindi Allah l'Onnipotente ha rivelato il Corano al Profeta Muhammad ﷺ. Era un miracolo che gli arabi non fossero in grado di comporre nemmeno un verso come questo. Il Santo Profeta ﷺ mostrò numerosi miracoli per predicare l'Islam agli arabi.

Questo sistema di Allah(S.W.T) è iniziato dal Profeta Adamo(A.S) (il primo essere umano sulla Terra) ed è finito sull'ultimo Profeta, il Profeta Muhammad ﷺ, con la religione dell'Islam, che verifica tutti i Profeti precedenti e le loro religioni. Nel mondo di oggi, tre grandi ummah (nazioni) sono presenti come seguaci delle religioni, i cui Profeti sono i discendenti del Profeta Ibrahim/Abraham(A.S). Queste religioni abramitiche sono il giudaismo, il cristianesimo e l'islam, i cui seguaci sono chiamati ebrei, cristiani e musulmani. Anche se ci sono varie fazioni e scuole di pensiero in ogni religione, le loro credenze fondamentali sono le stesse.

Le Religioni Abramitiche sono tutte basate sul monoteismo (fede in un solo Dio), e l'Islam le chiama 'Il popolo del Libro' perché tutte seguono un Libro Divino come guida nelle loro questioni religiose.

ATEISMO E POLITEISMO

Le altre religioni e credenze i cui seguaci sono in gran numero nel mondo moderno sono:

- Ateo; L'idea di ateismo, cioè nessuna autorità divina, accettata dal taoismo, dal buddismo e dall'ateismo.
- Induista; l'induismo è l'unica grande religione i cui seguaci credono nel politeismo, cioè nell'adorazione di più divinità.

GIUDAISMO

GIUDAISMO

ORIGINE

Il giudaismo è iniziato nell'antico Israele circa 4.000 anni fa. In questa regione, il Profeta Ibrahim(A.S) fu il primo a dichiarare che esiste un solo vero Dio. Il Profeta Musa(A.S), secoli dopo, condusse il popolo ebraico fuori dalla schiavitù in Egitto, il che fu un momento decisivo per il giudaismo.

LIBRO

Al Profeta Musa(A.S) è attribuita la rivelazione della Torah, i sacri testi ebraici, che consiste nei cinque libri di Mosè (Profeta Musa(A.S)).

CREDENZE

I seguaci del giudaismo sono monoteisti e credono che esista un solo vero Dio. Israele è la terra sacra del popolo ebraico, ed è vista come un dono a loro - i figli di Israele - da Dio. Secondo la Torah, i credenti ebrei devono vivere una vita di obbedienza a Dio, perché la vita stessa è un dono concesso da Dio ai suoi discepoli (Sanders, 2009). I seguaci del giudaismo vivono secondo i dieci comandamenti rivelati al Profeta Musa(A.S) da Allah(S.W.T) sul monte Sinai. Questi comandamenti delineano le istruzioni su come vivere la vita secondo Dio.

RITUALI E PRATICHE

L'ebraismo ha molti rituali e pratiche che i seguaci della fede eseguono. Il popolo ebraico ha severe leggi alimentari che hanno origine nella Torah, chiamate leggi Kosher. L'obiettivo di queste leggi non è una preoccupazione per la salute, ma la santità. Esempi di cibi proibiti sono la carne di maiale, lepre, cammello e struzzo, e i frutti di mare crostacei e molluschi. Inoltre, a certi gruppi di alimenti è vietato il consumo combinato, come la carne e i latticini (Tieman & Hassan, 2015).

I seguaci ebrei eseguono anche molteplici preghiere ogni giorno, riaffermando e dimostrando il loro amore reciproco con Dio. Nel mondo moderno, la maggior parte degli ebrei si trova negli Stati Uniti e in Israele.

CRISTIANITÀ

CRISTIANITÀ

ORIGINE

Il cristianesimo iniziò all'incirca nel 35 d.C. - cioè alla data della crocifissione - nell'area del Medio Oriente che oggi è conosciuta come Israele. Il cristianesimo iniziò con il riconoscimento della santità del Profeta Isa/Gesù[A.S]. Egli era insoddisfatto dell'alterazione del giudaismo e si prese la responsabilità di cercare una connessione più forte con la parola di Dio come definita dai Profeti precedenti. Così, il cristianesimo si sviluppò inizialmente come una setta del giudaismo. Si sviluppò in una religione distinta quando Gesù sviluppò un seguito più forte di coloro che credevano che lui fosse il figlio di Dio. La crocifissione di Gesù fu la prima di molte prove di fede dei cristiani (Guy, 2004). Tuttavia, secondo il credo islamico, il Profeta Isa[A.S] era uno dei profeti di Allah, non un figlio di Dio. Non fu crocifisso ma elevato al cielo, per poi ritornare verso il Giorno del Giudizio per eliminare tutte le false credenze.

Una divisione emerse all'interno del cristianesimo tra l'ortodossia orientale e il cattolicesimo romano con la divisione dell'Impero Romano in Est e Ovest. Durante la Riforma Protestante, una seconda divisione avvenne quando le sette protestanti emersero per sfidare la Chiesa Cattolica e l'autorità del Papato di essere intermediari tra Dio e i credenti cristiani.

CREDENZE

In fondo, essere cristiani è credere nella trinità di padre, figlio e spirito santo come un unico Dio: Il Dio dell'amore. Dio ha permesso che il suo unico figlio fosse sacrificato nella crocifissione per compensare i loro peccati per amore dell'umanità. I cristiani sono ammoniti ad amare Dio e ad amare i loro vicini e nemici "come se stessi". Credono nell'amore di Dio per tutte le cose, hanno fede che Dio veglia su di loro in ogni momento, e che Gesù, il figlio di Dio, ritornerà quando il mondo sarà pronto. Gesù è l'esemplare della religione, dimostrando come essere un buon cristiano. Nella fede cristiana, la teodicea, o il modo in cui il cristianesimo spiega perché Dio permette che accadano cose brutte alle persone buone, è mostrato attraverso la fede in Gesù. Se i credenti seguono le orme di Gesù, avranno accesso al paradiso. Gli eventi sfortunati sono atti di Dio che mettono alla prova la fede dei suoi seguaci. Pertanto, mantenendo la fede nell'amore di Dio, i cristiani sono in grado di portare avanti la loro vita quando si trovano di fronte a tragedie, ingiustizie e sofferenze.

LIBRO

La Bibbia cristiana è composta dall'Antico Testamento e dal Nuovo Testamento. L'Antico Testamento risale a centinaia di anni prima dell'ora di Cristo. Il Nuovo Testamento risale all'ora di Cristo, o a centinaia di anni da quel punto. I libri fondamentali della Bibbia per i cristiani sono i Vangeli.

RITUALI E PRATICHE

Ci sono molti rituali e pratiche che sono centrali nel cristianesimo, conosciuti come i sacramenti. Per esempio, il sacramento del battesimo comporta il lavaggio letterale della persona con acqua per rappresentare la pulizia dei suoi peccati. Oggi, il rituale del battesimo è diventato meno comune; tuttavia, storicamente il processo del battesimo era considerato un rito integrale per battezzare l'individuo e cancellare il suo peccato ancestrale o originale (Hanegraaff, 2009). Altri sacramenti includono l'Eucaristia (o comunione), la cresima, la penitenza, l'unzione degli infermi, il matrimonio e gli ordini sacri (o ordinazione). Tuttavia, non tutte le sette del cristianesimo li seguono.

Una delle qualità e delle pratiche fondamentali del cristianesimo è la cura dei poveri e degli svantaggiati. Gesù, un povero egli stesso, ha nutrito e curato i poveri, dimostrando attenzione per tutti, ed è quindi visto come l'esemplare della moralità (Dunn, 2003). Le chiese cristiane sono spesso istituzioni che dimostrano come seguire Gesù, gestendo enti di beneficenza e banche del cibo, e ospitando i senzatetto e i malati.

ISLAM

ISLAM

ORIGINE

Originario dell'Arabia, l'Islam è una religione monoteista che si è sviluppata nel 600 d.C. circa. Durante questo periodo, la società della Mecca era in fermento. Il luogo di nascita del Profeta Muhammad ﷺ era Makkah. Egli proveniva dal clan Banu Hashim della tribù Quraish ed era un discendente del figlio del Profeta Ibrahim(A.S), il Profeta Ismaele(A.S). Tra il Profeta Musa(A.S) e il Profeta Isa(A.S), tutti i Profeti sono di Bani Israel, cioè sono i discendenti del Profeta Yaqoob(A.S), e non c'è stato nessun Profeta tra il Profeta Ismaele(A.S) e il Profeta Muhammad ﷺ. Il Profeta Muhammad ﷺ ricevette i versetti del Corano direttamente dall'Angelo Jibrael a.s durante un periodo di preghiera isolata sul Monte Hira. Dopo immense lotte e dopo aver predicato l'Islam per ventitré anni, sviluppò un seguito di persone che alla fine unirono l'Arabia in un unico stato e in un'unica fede contro i pagani politeisti. I seguaci della fede islamica sono chiamati musulmani.

LIBRO

Il Corano è il testo religioso centrale dell'Islam, ritenuto dai musulmani una rivelazione di un Dio, Allah(S.W.T). È ampiamente considerato come la migliore opera della letteratura araba classica ed è organizzato in 114 Surah (capitoli), composti da Ayat (versi). I musulmani credono che il Corano sia stato rivelato oralmente da Allah(S.W.T) al Profeta finale, il Profeta Muhammad ﷺ, attraverso l'angelo Jibrael(A.S), progressivamente in un periodo di 23 anni, iniziando nel mese di Ramadan. I musulmani considerano il Corano come il miracolo più cruciale del Profeta, una prova della sua profezia e la conclusione di una serie di messaggi divini precedentemente rivelati ai Profeti, compresa la Tawrah (Torah), lo Zabur ("Salmi"), e l'Injil ("Vangelo/Bibbia"). Il Corano si descrive come Al-Kitab (il Libro), Al-Furqan (il discernimento), Umm al-Kitab (il libro madre), Al-Huda (la guida), Al-hikmah (la saggezza), Dhikr (il ricordo), e Tanzil (la rivelazione; qualcosa mandato giù).

CREDENZE

Le Sei Credenze dell'Islam sono le credenze fondamentali che ogni musulmano ritiene vere.

- Tawhid - Credere nell'unicità di Allah
- Malaika - Credere nell'esistenza degli angeli di Allah
- Credere nei libri sacri di Allah: Zabur, Torah, Vangelo/Bibbia, e il Corano
- Nubuwwah and Risalah - Credere in tutti i Profeti di Allah, dal Il Profeta Adamo(A.S) al Profeta Mohammed
- Credere nel giorno del giudizio; verrà un giorno in cui ogni uomo che sia mai esistito sarà giudicato da Allah per le sue azioni nella sua vita sulla terra.
- Credenza nella predestinazione (destino/decreto divino) - l'idea che Allah sappia tutto.

RITUALI E PRATICHE

L'Islam delinea cinque pilastri che devono essere sostenuti per diventare un musulmano pratico:

1. Shahadah; che afferma che non c'è altro Dio all'infuori di Allah, e che il Profeta Muhammad ﷺ è il servo e messaggero sottomesso di Dio.
2. Salah; Preghiera cinque volte al giorno
3. Zakah; Fornire aiuti finanziari per sostenere i musulmani poveri
4. Digiuno; Partecipazione al digiuno di un mese durante il Ramadan, il 9 mese del calendario islamico
5. Hajj; Il completamento di un pellegrinaggio a Makkah almeno una volta nella vita, se uno se lo può permettere.

COME L'ISLAM È LA VERA RELIGIONE?

Finora abbiamo imparato che le religioni abramitiche si sono propagate nel tempo e che numerosi profeti sono venuti a trasmettere lo stesso messaggio fondamentale del Tawhid. Ma la domanda sorge spontanea, perché si è fermata sull'Islam e perché Allah(S.W.T) ha terminato questa catena di profezia sul Profeta Muhammad ﷺ.

Prima di tutto, dobbiamo capire perché è sorta la necessità di nuovi Messaggeri e Profeti quando il loro messaggio era lo stesso? Qual è la ragione principale della rivelazione di una religione nuova ma simile?

La risposta più significativa a questa domanda è "l'adulterazione della verità" da parte della nazione. Dal tempo della morte del Profeta fino alla venuta del Profeta successivo, la verità divina è stata alla fine corrotta dalla gente per i loro guadagni mondani. In precedenza, il dovere di custodire la verità era solito essere dato alla ummah del Profeta, ma questo non è il caso dell'Islam.

In primo luogo, Allah(S.W.T) si è preso la responsabilità di proteggere l'originalità del Corano fino al giorno del giudizio. Questa è la prova vivente che dopo più di quattromila anni dalla sua rivelazione, il testo del Corano è ancora lo stesso di prima. In secondo luogo, la vita dell'ultimo Messaggero, il Profeta Muhammad ﷺ, è una guida per tutta l'umanità che verrà fino al Giorno del Giudizio. Il Santo

Profeta ﷺ ha trascorso tutta la vita come un uomo comune, ma i suoi insegnamenti e le sue decisioni sono un monumento da seguire in ogni dimensione della vita. Come Allah(S.W.T) ha detto nel Corano,

"Avete nel Messaggero di Allah un bell'esempio per voi, per chi spera in Allah e nell'Ultimo Giorno e ricorda Allah frequentemente."
(Surah Al-Ahzab, V:21)

Perché una religione sia compatibile con il mondo contemporaneo, i suoi insegnamenti e le sue leggi devono essere validi e comprensibili a tutti. L'Islam brilla in ogni aspetto del mondo di oggi. Tra tutte le religioni, l'Islam è l'unica che è sottoposta all'assetto sociale completo invece di essere confinata al tema della religione. La Sharia islamica, che si basa sugli insegnamenti del Corano e le tradizioni del Profeta Muhammad ﷺ (Hadith e Sunna), non si limita alla religione, ma insegna anche come stabilire le relazioni pubbliche, i rapporti politici, la giustizia, l'amministrazione, l'esercito, il matrimonio, il divorzio, la pace, la guerra, il debito, gli interessi, la carità, ecc. che sono considerati necessari quanto l'obbligo delle regole religiose. L'Islam è una religione per tutti; è la manifestazione più completa della verità e fornisce una via diritta e un equilibrio perfetto.

Dopo un attento confronto dell'Islam con altre religioni, verremo a sapere che anche il mondo ha sofferto dell'unilateralità di molte religioni e ideologie. Alcuni hanno enfatizzato il lato materiale della vita e ignorato gli aspetti spirituali, mentre altri hanno visto il mondo come un'illusione, un inganno e una trappola. L'Islam, tuttavia, ha un punto di vista diverso; confonde la linea tra i desideri materiali/mondani e gli obblighi morali/spirituali. L'Islam non ci proibisce di mangiare cibi deliziosi; ci trattiene da un numero limitato di cibi haram e ci permette di godere di tutti gli altri halal. Non obbliga le persone a rimanere nubili per raggiungere un alto status spirituale; invece, è altamente desiderabile nell'Islam sposarsi e godere della vita familiare e di altre relazioni. Il nucleo dell'Islam insegna che i poteri morali e materiali devono unirsi per rafforzare la fede. La salvezza spirituale può essere raggiunta usando le risorse materiali per il bene dell'umanità e non vivendo una vita di abnegazione o scappando dalle gioie di questo mondo.

Così, le caratteristiche eccezionali dell'Islam si distinguono come la religione dell'umanità, la religione di oggi e la religione di domani. L'Islam sta emergendo come la religione in più rapida crescita nel mondo.

Questi aspetti hanno conquistato il cuore di centinaia di migliaia di persone nel passato e nel presente e hanno fatto loro affermare che l'Islam è la religione della verità e la via diritta per l'umanità e continuerà ad affascinarli in futuro. Il nostro unico dovere è quello di studiare l'Islam e mettere in pratica i suoi insegnamenti nella nostra vita perché questo è l'unico modo per conoscere la verità di questo Universo.

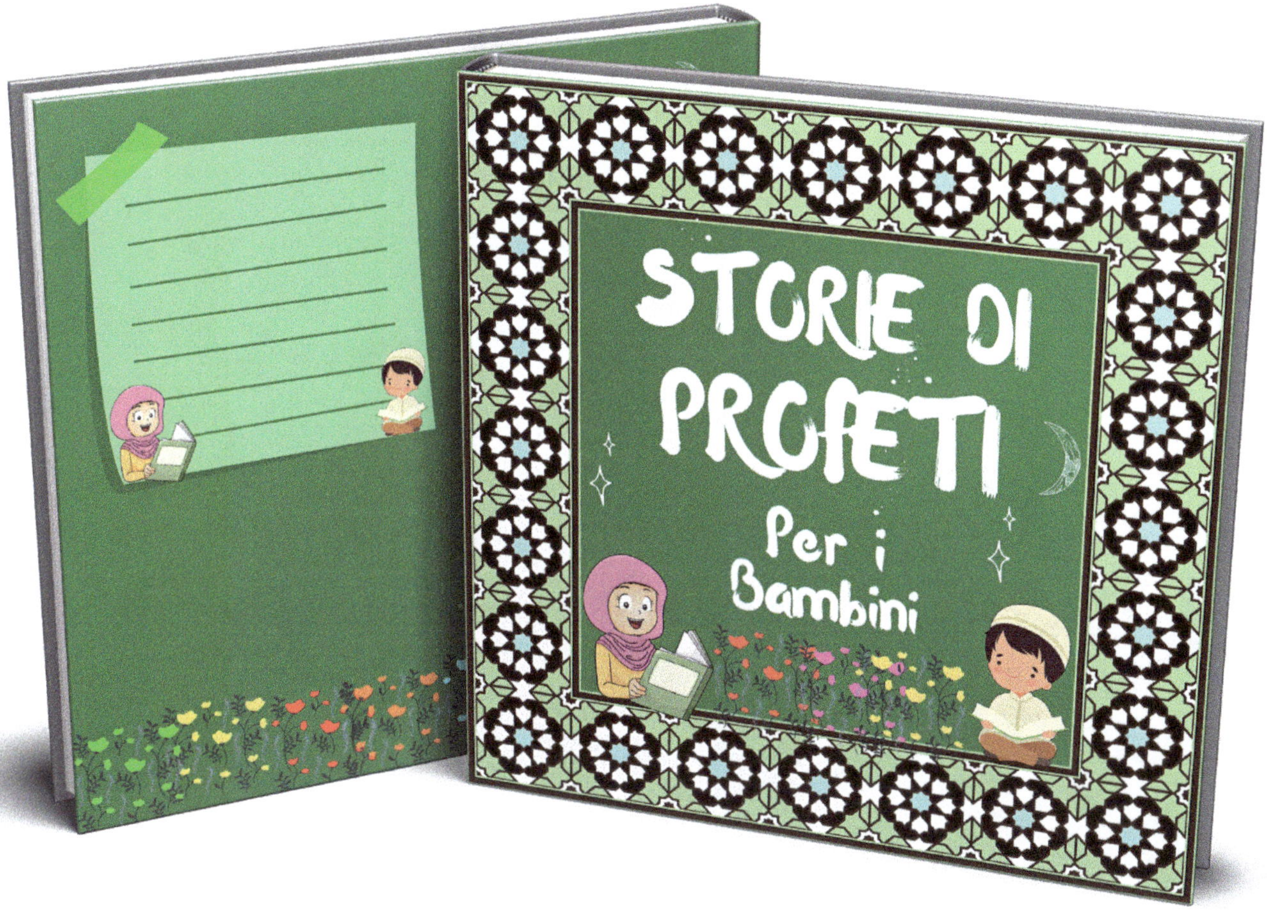

ISBN 978-1-990544-61-3

*Cerca ISBN sul sito del rivenditore

Copertina rigida con pagine a Colori Premium

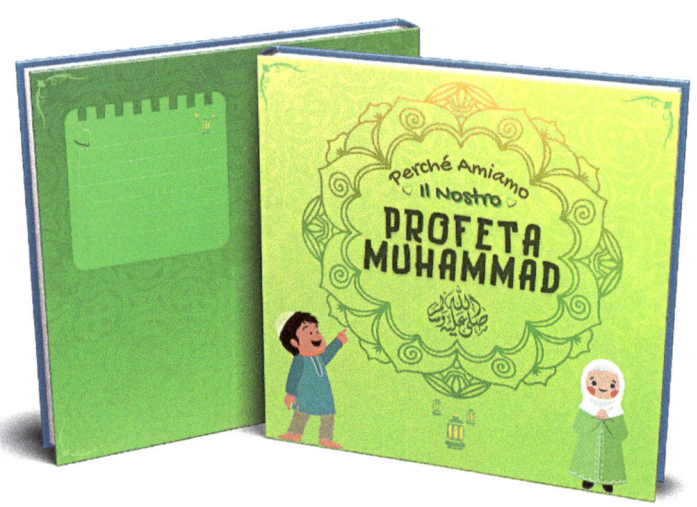

ISBN 978-1-990544-63-7

ISBN 978-1-990544-64-4

ISBN 978-1-990544-65-1

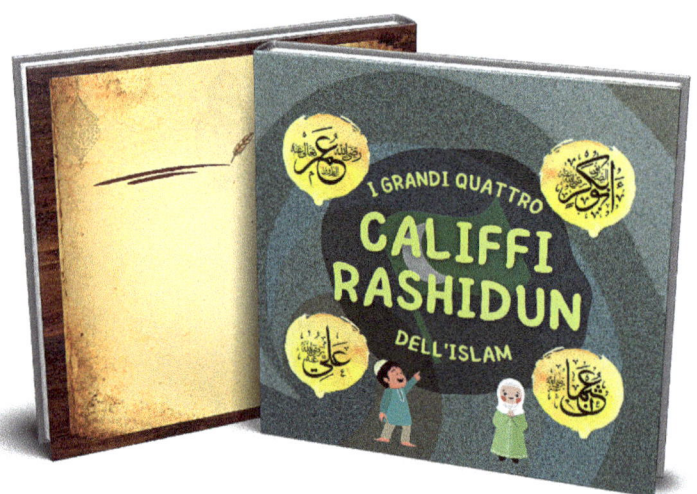

ISBN 978-1-990544-62-0

*Cerca ISBN sul sito del rivenditore

Copertina rigida con pagine a Colori Premium

ISBN 978-1-990544-63-7 Perché Amiamo il nostro Profeta Muhammad ﷺ?

Questo libro dal bellissimo design diffonde il profumo dell'Amore e della Compassione mostrati dal Santo Profeta ﷺ attraverso i suoi insegnamenti e le sue azioni. La sua misericordia abbraccia tutti, cioè i bambini, i servi, i poveri, gli animali e gli uccelli, e soprattutto la sua Ummah (nazione musulmana).
I bambini impareranno anche ad amare il Messaggero di Allah ﷺ per il suo immenso sacrificio e la sua lotta per la diffusione dell'Islam, e come estendere l'empatia intorno a noi.

ISBN 978-1-990544-64-4 Angeli & Jinn: Loro Chi Sono?

I bambini musulmani si interrogano spesso sul concetto di Angeli e Jinn.
Sono reali o è solo un mito? Quando e perché sono stati creati? Sono più potenti e grandi degli esseri umani? Come possono aiutarci o danneggiarci?
Questo bellissimo libro risponde a tutte le curiosità dei bambini sulla realtà degli Angeli e dei Jinn.
I bambini impareranno le credenze islamiche su di loro ed esploreranno l'universo invisibile di Allah (S.W.T) intorno a noi.

ISBN 978-1-990544-65-1 Che cos'è la Religione?

I bambini musulmani si interrogano spesso sulle religioni nel mondo moderno di oggi.
Quali sono le differenze tra i loro seguaci? Come si sono formati e diffusi? Perché Allah Al-Mighty ha inviato numerosi Profeti e Messaggeri? Qual è l'unicità e l'autenticità dell'Islam e del Profeta Muhammad ﷺ?
Questo bel libro risponde a tutte le curiosità dei bambini sulle varie religioni e aiuta i genitori a spiegare il concetto e l'autenticità dell'ultima vera religione: l'Islam.

ISBN 978-1-990544-62-0 I Grandi Quattro Califfi Rashidun dell'Islam

La storia della vita di quattro grandi Compagni del Profeta Muhammad ﷺ
Questo bellissimo libro spiega ai bambini i grandi insegnamenti del Profeta Muhammad ﷺ ai suoi Compagni (R.A) che hanno completamente trasformato la loro mentalità, e più tardi come hanno implementato questi insegnamenti per ispirare gli amici e i nemici insieme.
Impara come questi quattro califfi ben guidati sono diventati un faro di leadership e hanno creato il concetto di stato sociale per il mondo contemporaneo.

*Cerca ISBN sul sito del rivenditore